La bambina con 200 peluche
e altri testi teatrali per bambini

Du même auteur

Certaines œuvres sont connues sous différents titres.

Romans

Le Roman de la Révolution Numérique
La Faute à Souchon (Le roman du show-biz et de la sagesse)
Quand les familles sans toit sont entrées dans les maisons fermées
Liberté j'ignorais tant de Toi (Libertés d'avant l'an 2000)
Viré, viré, viré, même viré du Rmi !
Ils ne sont pas intervenus

Théâtre

Neuf femmes et la star
Les secrets de maître Pierre, notaire de campagne
Ça magouille aux assurances
Chanteur, écrivain : même cirque
Deux sœurs et un contrôle fiscal
Amour, sud et chansons
Pourquoi est-il venu :
Aventures d'écrivains régionaux
Avant les élections présidentielles
Scènes de campagne, scènes du Quercy
Blaise Pascal serait webmaster
Trois femmes et un Amour
J'avais 25 ans
« Révélations » sur « les apparitions d'Astaffort » Jacques Brel Francis Cabrel

Théâtre pour troupes d'enfants

La fille aux 200 doudous
Les filles en profitent
Révélations sur la disparition du père Noël
Le lion l'autruche et le renard,
Mertilou prépare l'été
Nous n'irons plus au restaurant

4

Stéphane Ternoise

La bambina con 200 peluche
e altri testi teatrali per bambini

Traduzione :
Martina Caputo

Uscita : 23 luglio 2014

http://www.ecrivain.pro

Jean-Luc Petit éditeur / Collection Théâtre

5

Stéphane Ternoise

http://www.dramaturge.fr

Stéphane

La bambina con ~~~~~cne
e altri testi teatrali per bambini

Traduzione :
Martina Caputo

Per mettere in scena un testo teatrale, seppur per un pubblico ristretto, rappresentato da attori bambini o nell'ambito di uno spettacolo gratuito, richiede necessariamente l'autorizzazione dell'autore (o del suo rappresentante).

La bambina con 200 peluche è un testo teatrale recitato solo da bambini.
Per *Le ragazze ne approfittano*, due bambine « torturano » un ragazzo turbolento punito. Le *Rivelazioni sulla scomparsa di Babbo Natale* richiedono la presenza di undici bambini ma il testo funzionerà anche con un numero diverso. *Il leone, lo struzzo e la volpe* conta sette ruoli principali e un numero indefinito di figuranti. Per *Mertilù si prepara per l'estate*, numerosi merli-bambini figuranti e due ruoli principali. *Non andremo più al ristorante*: due ragazzi e una ragazza.

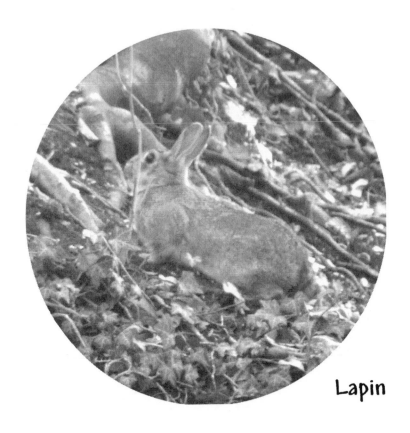

Lapin

Coniglio

La bambina con 200 peluche

Testi teatrali per bambini in un atto

Personaggi :

Da sei a venti bambini.

Scena : una bambina di sei o sette anni è stesa nel letto, la si vede appena. E' sommersa di peluche! E così è anche la sua stanza.

Entrano alcuni bambini (minimo cinque della stessa età) in punta di piedi. Osservano, ammirano, sorridono, si entusiasmano, si scambiano i peluche.

La bambina con 200 peluche

Atto primo

Primo bambino : - In questa stanza si fa fatica a camminare.

Secondo bambino : - Ne ha pieno persino il cuscino.

Terzo bambino : - Le mensole sono peggio di quelle di mia nonna con i barattoli di marmellata.

Quarto bambino : - Peggio di mio nonno con le cassette degli attrezzi.

Altro bambino : - Peggio dell'armadio di mamma.

La bambina sorride, come se si accorgesse solo in quel momento della loro presenza.

Terzo bambino : - È la bambina con 200 peluche, ce ne sono ovunque, ce ne sono ovunque.

Altro bambino riprende mormorando : - È la bambina con 200 peluche, ce ne sono ovunque, ce ne sono ovunque.

Quarto bambino : - È la bambina con 200 peluche, tutti i invidiosi ne sono golosi.

La bambina nel letto : - Non siate invidiosi, amici Pensate che non abbia problemi io a sorvegliare i miei 200 peluche dalla mattina alla sera? E persino dalla sera alla mattina?

Quarto bambino : - Vorrei averli io certi problemi.

La bambina nel letto : - E non è per niente divertente quando topolino si nasconde dietro papà elefante, invece di dormire vicino alla sua tenera mamma. E la notte pensate che dormano tutti alla stessa ora? È peggio di un dormitori di scolari!
Quarto bambino : - Non esistono dormitorio per scolari!
Secondo bambino : - Mia nonna mi ha raccontato che molto ma molto tempo fa, ben prima del 2000, i bambini non tornavano a casa la sera, ma dormivano a scuola.
Quarto bambino : - Un dormitorio! Che genitori cattivi avevano!
Secondo bambino : - Ma no, stupidone, non c'erano alternative, non esistevano gli autobus.
Quarto bambino : - Smettile di inventare storie.

La bambina nel letto : - Credeteci o no, ma è la verità. E i bambini non hanno sempre avuto i peluche come noi ; molti si accontentavano di un semplice nastro.
Quarto bambino : - Io mi sarei rifiutato di dormire! Avrei protestato! Avrei gridato!
Altro bambino : - Li avrei pizzicati!
Quarto bambino : - Mi sarei trasferito dai nonni!

12

Primo bambino, *va verso una mensola e prende un cane di peluche* : - Come si chiama?

La bambina nel letto : - Ognuno ha il suo soprannome, da abat-jour à zambù. Lui è Scott-Key.
Primo bambino : - Scott-Key?

La bambina nel letto : - Immagino che tu non abbia scelto il tuo nome, né il tuo cognome. Beh, lui era un cane abbandonato (con aria dolce e sognante) : avevo quattro anni, pioveva e lui piangeva davanti alla vetrina di un negozio.
Quarto bambino *(al suo vicino)* : - I peluche non piangono!
La bambina nel letto, *che ha sentito, si volta verso di lui* : - Hai già dimenticato che un peluche a volte piange! *(riprende a raccontare)* Piangeva davanti alla vetrina di un negozio, con un'etichetta all'orecchio destro, una brutta etichetta gialla con cinque lettere maiuscole nere : s-a-l-d-o-.
Primo bambino : - E tu non sapevi che voleva dire SALDO!

La bambina nel letto : - Avevo quattro anni, dopotutto! Ho obbligato mio padre a entrare, e con tutta la fierezza dei miei quattro anni, ho chiesto alla commessa, guardandola dritta negli occhi : « si chiama davvero saldo? ».
Primo bambino : - Sapevi già leggere?

La bambina nel letto : - Era un trucco del mio paparino! Ti compro un peluche ma farai lezione di ortografia ogni sera, prima di leggerti una storia. È così che a tre anni e mezzo sapevo già leggere quasi tutto.
Primo bambino : - Ma credevi che SALDO fosse il nome del peluche!

La bambina nel letto : - Non hai mai fatto errori che ora giudicheresti ridicoli?
Primo bambino : - Era giusto per capire che non sei un piccolo genio! Beh allora, la commessa ha sorriso guardando tuo papà o ti ha risposto?

La bambina nel letto : - Mi rispondevano subito quando avevo quattro anni e guardavo le persone dritto negli occhi, così, vedi? (*lo fissa*).
Terzo bambino : - Ha urlato : « una marziana! »

La bambina nel letto : - Ehm...
Terzo bambino : - Ehm cosa?...
La bambina nel letto : - Beh la commessa, senza distogliere lo sguardo ha risposto : « ehm... ». Allora le ho spiegato nel modo in cui si parla a una commessa che non ha capito nulla: « Vede, ho già un peluche che si chiama SALDO, un'adorabile rana rosso ciliegia ferrovia. Quindi, vorrei tanto adottarlo, ma ho troppa paura che si crei confusione nella mia cameretta. »

Terzo bambino : - Sarà stata già sorpresa che tu sapessi leggere!
Quarto bambino : - Ti ha presa in giro?

La bambina nel letto : - Nient'affatto, piccolo impertinente! Mi ha risposto educatamente, « il suo vero nome è Scott-Key »... e a voce basse « è stato un errore della mia collega. »
Secondo bambino : - Allora tuo papà te l'ha comprato!

La bambina nel letto : - Come hai fatto a indovinare? Ma prima le ho chiesto, « e come si scrive? », e ho scritto la nuova parola sul mio diario (*prende il diario dal comodino e lo sfoglia delicatamente*).
Secondo bambino : - Cosa vuole dire Scott-Key?

La bambina nel letto : - È un segreto!
Quarto bambino : - Rispondi così perché non lo sai!

La bambina nel letto : - Sei cattivo, come i bambini-riccio.
Quarto bambino : - Dai, svelaci il segreto.

La bambina nel letto : - Anche per i peluche deve esserci un po' di mistero nella scelta dei soprannomi.

Coro dei bambini :

È la bambina con 200 peluche, son dappertutto, son dappertutto.
È la bambina con 200 peluche, tutti gli invidiosi ne sono golosi.
È la bambina con 200 peluche, i suoi segreti non svelerà mai.

Terzo bambino : - Come ti orienti?

La bambina nel letto : - Prima era lunedì peluche bianchi, martedì viola, mercoledì marroni, giovedì gialli, venerdì verdi, sabato sabbia e domenica gli altri colori.
Secondo bambino : - Il lunedì era sole!

La bambina nel letto : - Adesso i giorni della settimana si chiamano festa dei conigli, dei gatti, delle anatre. Festa degli orsacchiotti, dei cagnolini e dei bizzarri.
Quarto bambino : - E il settimo giorno?

La bambina nel letto : - Il signore sa contare! Ah! Il settimo giorno...
Tutti : - E racconta!...

La bambina nel letto : - Il settimo giorno è un giorno speciale nel nuovo calendario dei peluche ... è il giorno delle elezioni.
I bambini : - Delle elezioni?!

La bambina nel letto : - I peluche decidono per alzata di zampa chi sarà celebrato.

Quarto bambino : - Che si vince?
La bambina nel letto : - Il più bello dei regali.
Un bambino : - Un vestito da Zorro?

La bambina nel letto alza le spalle.
Restò molto delusa dalle risposte :

Un bambino : - Una sciarpa? Una bandana?
Un bambino : - Uno yogurt alla fragola?
Un bambino : - Delle biglie?
Un bambino : - Un game boy?
Un bambino : - Un puzzle... dei cinghiali di montagna?
Un bambino : - Una stecca di cioccolata...svizzera?

(nella rappresentazione possono essere aggiunte altre risposte in funzione dei gusti e dell'attualità)

Un bambino : - Dai, diccelo...

La bambina nel letto : - Il più bel regalo che un peluche possa ricevere...dormire tra le mie braccia.
Quarto bambino *spontaneamente* : - Posso partecipare alle elezioni?

La bambina nel letto sorride; tutti lo guardano, lui è imbarazzato.

Terzo bambino : - Dormi ancora con un peluche tra le braccia!

17

La bambina nel letto : - Tu no?

Terzo bambino : - Eh... (*tutti lo guardano*)

Terzo bambino : - Ma di solito è un segreto.

La bambina nel letto : - Se qualcuno ride di te perché dormi ancora con un peluche tra le braccia, chiediti se dorme bene ogni notte.

Altro bambino : - E un giorno i tuoi peluche andranno in soffitta?

La bambina nel letto : - Crescere non significa per forza allontanarsi dai propri peluche e soprattutto confinarli!

Coro dei bambini :

> È la bambina con 200 peluche, son dappertutto, son dappertutto.
> È la bambina con 200 peluche, tutti gli invidiosi ne sono golosi.
> È la bambina con 200 peluche, e abbiamo appuntamento coi nostri peluche.

> Escono di scena correndo in punta di piedi.

La bambina nel letto : - Bene, peluche, la ricreazione è finita. Basta comportarsi da bambini (si volta verso una volpe) : vorrei dormire un poi anch'io. Sta esagerando, signor Renardo delle Foreste di mensole.

Il quarto bambino si affaccia dalla porta, tossisce un po', semza riuscire ad attirare l'attenzione. Timidamente.

18

Quarto bambino : - signorina, signorina... (*la bambina si volta verso di lui sorridendo*)

Quarto bambino : - dicevo la verità quando parlavo delle elezioni.

La bambina nel letto : - lo so, lo so... ma tu non hai i voti dei conigli e degli orsi, non hai speranze di vincere... (il quarto bambino è triste) forse tra dieci anni sarò l'unica elettrice.

Sipario - Fine

LA BAMBINA CON 200 PELUCHE
è anche una canzone

Nella sua stanza con fatica si avanza.
Non c'è spazio nel suo letto
Anche il cuscino ne è infetto.

È la bambina con 200 peluche
Son dappertutto/on dappertutto
È la bambina con 200 peluche
Tutti gli invidiosi ne sono golosi.

Ognuno ha il suo soprannome
Da abat-jour a zombone
E ci vuole disciplina
Perciò prigione per i golf marini

È la bambina con 200 peluche
Son dappertutto/on dappertutto
È la bambina con 200 peluche
Tutti gli invidiosi ne sono golosi.

I giorni della settimana
Si chiamano festa del big ben
Festa dei conigli, gatti, anatre
Orsetti tutù e altri bizzarri

È la bambina con 200 peluche
Son dappertutto/on dappertutto
È la bambina con 200 peluche
Tutti gli invidiosi ne sono golosi.

Questo testo è diventato una vera canzone dopo esser passata dalle mani di Blondin, che ha composto le musiche (con arrangiamenti di Vita) e dovrebbe inciderla su CD-Rom nel 2015, e cantarla durante la sua tourné mondiale (forse inizialmente almeno quella francese...)

Le ragazze infieriscono

Testo per bambini in un atto

(se preferite un titolo più originale:
la circostanza aggravante)

Personaggi :
3 bambini, due ragazze, un ragazzo.

Ismaele, 9 anni
Assia, 6 anni, sua sorella.
Romana, 12 anni, la sua sorellastra.

Scenografia: il salone di una casa... due porte,
di cui una esterna.

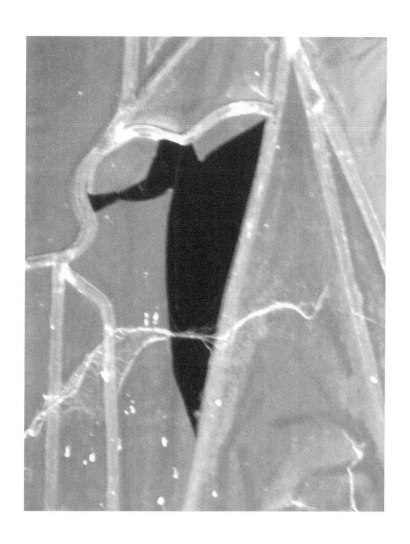

Le ragazze infieriscono

Atto 1

Ismaele, solo, attaccato a una sedia, le mani legate dietro alla schiena.

Ismaele : - È troppo ingiusto! Attaccarmi! Ho giusto colpito un po' troppo forte! (*imita sua madre :*) « E circostanza aggravante...quella del sindaco!"
(*riprende la sua voce :*) Non so nemmeno cosa voglia dire, « circostanza aggravante." Non dovrebbe avere il diritto di punirmi per cose che non ho imparato a scuola!

Entra Romana sorridendo...

Romana : - Quindi Ismael, hai fatto ancora una stupidaggine!
Ismael : - Una "circostanza aggravante"!
Romana : - Mamma mi ha raccontato tutto, non serve a niente tentare di sbrogliarsela!
Ismaele : - Ti giuro, me l'ha ripetuto almeno tre volte "circostanza aggravante"! Sai cosa vuol dire tu?
Romana : - se avessi rotto un quadretto olandese, col tuo pallone, sarebbe stato già grave. Ma in più hai rotto quella del sindaco, è questo che vuole dire con "circostanza aggravante".
Ismaele : - Un quadretto! È solo un quadretto!

Romana : - Ma il sindaco ha quadretti in oro!

Ismaele : - Se fossero stati d'oro non si sarebbero rotti...ma li avrei rubati!

Romana : - E parli ancora in questo modo! Quanti anni hai? **Ismaele** : - È facile fare la grande quando sono legato! Spiegami piuttosto la "circostanza aggravante".

Romana : - Il sindaco è la persona più importante del villaggio... dopo me e il mio cane!

Ismaele : - Non l'ho fatto apposta, volevo solo mandare il pallone più in alto possibile.

Romana : - Hai davvero i piedi quadrati. Faresti meglio a giocare a ping-pong.

Ismaele : - Simpatico! Slegami, piuttosto.

Romana va verso di lui, si siede per terra...gli toglie la scarpa destra.

Ismaele : - che cosa fai?

Romana : - Non mi hai chiesto di toglierti una scarpa?

Ismaele : - Lo fai apposta?

Romana : - La prima che ti slega prende il tuo posto, parole di mamma! Non sono mica stupida.

Ismaele : - È davvero arrabbiata!

Romana : - Ci credo.

Gli toglie la scarpa, si alza sorridendo ed esce dalla porta esterna.

Ismaele : - È strana a volte, la grande!

Mamma potrò dire che è l'adolescenza, ma io credo soprattutto che sia perché è una ragazza! In più, pare che non si abbia il diritto di sposarsi con la propria sorellastra!

Romana torna nascondendo qualcosa dietro la schiena, si avvicina a Ismael...
Si siede accanto a lui, per terra. Lui la guarda, si chiede cosa stia facendo.

Ismaele : - A cosa giochi?

Romana sorride e passa la piuma d'oca sotto il piede destro di Ismaele che sussulta, urla, mentre ride di dolore.

Ismaele : - Fermati! Smettile! Ti prego.

Romana continua.

Ismaele : - Ti giuro, non racconterò mai più a mamma che sei innamorata di Grégory.

Romana continua. Lui anche.

Ismaele : - Non racconterò mai più che hai perduto i tuoi orecchini.

Romana continua. Entra Assia.

Assia : - Ismaele, so che hai fatto una grande stupidaggine e che sarai punito per tutto la giornata.

Ismaele : - Assia, falla smettere, mi tortura.
Assia : - E cosa mi dai in cambio?
Ismaele : - Una carta Pokémon. Falla smettere, mi tortura.

Romana gli da un altro colpo di piuma, lui urla e sussulta.

Assia : - Una carta non basta.
Ismaele : - Cinque. In più le cacche del vostro cane mi intossicano.
Romana : - Che ti ha fatto il nostro cane? Almeno lui è pulito, fa la cacca nella sua lettiera. Non come il tuo gatto!
Assia : - Le carte Pokémon, e che altro?
Ismaele : - Non te ne approfittare!

Assia avanza verso di lui e passa dietro. Romana ricomincia! Lui anche.

Ismaele : - Dimmi cosa vuoi.

Assia sorride guardando Romana

Assia : - Mi prometti di non raccontare una sola delle mie marachelle di oggi a mamma.
Ismaele : - Promesso.

Assia, dietro le spalle di Ismaele si piega, prende un guanto di plastica, lo infila alla mano destra, prende "qualcosa" dalla lettiera del cane e si rialza.

Assia : - Romana, vuoi smetterla di torturare il mio fratello preferito?
Romana : - Solo perché me lo chiedi così gentilmente.

Romana si alza.

Assia : - Come si dice Ismaele?
Ismaele : - Grazie Assia.
Assia : - Assia come?
Ismaele : - Assia, sorellina
Assia - Assia.. A... do...
Ismaele : - Assia adorata
Assia : - Bene. Vorrei che lo dicessi ogni giorno.

Si avvicina, gli stringe il naso con la mano destra, lui apre la bocca, lei gli inforna la cacca del cane mantenendogliela in bocca. Ismaele cerca di sputare, urlare.

Assia : - Così impari a criticare ogni giorno il nostro cane!
Romana : - E hai promesso di non raccontare una sola marachella di Assia alla mamma...

FINE

Naturalmente, è preferibile che la cacca del cane sia del cioccolato durante le prove...e anche durante la rappresentazione!

Rivelazioni sulla scomparsa di Babbo Natale

Testo teatrale per bambini in un atto

Personaggi :

Undici

bambini.

Modificando la lettura della lettera a Babbo Natale, il testo può essere rappresentato con un numero di bambini diverso (in più o in meno).

Questo testo non richiede una scenografia particolare.

Precisazione : il presente testo è l'adattazione di un racconto eponimo scritto da Stéphane Ternoise nel 2004.

Rivelazioni sulla scomparsa di Babbo Natale

Atto primo

Primo bambino, *solo in scena* : - Quell'anno, il 14 luglio, i governi e le agenzie di stampa del pianeta blu hanno ricevuto, attraverso il canale lunare, un comunicato da Babbo Natale.

Nove bambini entrano in scena. Il secondo bambino arriva con una lettera che passerà poi al terzo, che la passerà al quarto, ecc...

Secondo bambino : - « Cari amici terrestri, ho fatto del mio meglio per salvarlo. Ma il vostro clima è stato fatale. Troppo inquinato. I cervi e le renne venuti sulla Terra los corso dicembre sono tutti morti. Le grandi foreste del nostro paradiso rosso e bianco restano certamente ancora molto popolate, ma i FAONS e le bisce hanno pianto così tanto che hanno indetto il primo sciopero generale del globo: si rifiutano tutti di preparare un lungo viaggio verso il vostro pianeta.

Terzo bambino : - Le famiglie sono in lutto, hanno perso almeno un caro, il padre o uno zio, o un vicino (da noi la famiglia include anche i vicini).

Quarto bambino : - Il loro sciopero non finirà. Sarà così finché il clima continuerà a peggiorare.

Quinto bambino : - Li capisco : anch'io ho sofferto per molto tempo di una *inquinamite* acuta. E sono ancora molto preoccupato per il colorito di mia figlia, che era venuta ad aiutarmi in questa gioiosa distribuzione di doni.

Sesto bambino : - Vi lascio il compito di annunciare la tragica notizia ai bambini della Terra.

Settimo bambino : - Spero di tornare un giorno. Ma dovrete scegliere tra le ciminiere delle fabbriche, i pesticidi, le automobili e il sorriso dei bambini.

Ottavo bambino : - 'L'ideologia della crescita uccide la vita' ha scritto un vostro romanziere di recente. Mi permetto di darvi un consiglio: leggete i suoi libri, seguite le sue raccomandazioni.

Nono bambino : - Mi mancherà il sorriso dei bambini.

Decimo bambino : - Conto sulla vostra lucidità, la vostra bontà, la vostra sete di meraviglia, il vostro amore per i bambini. Vostro devoto, Babbo Natale.

I nove bambini escono.

34

Primo bambino : - Restarono tutti increduli : « non sai che scherzo ci hanno fatto » era sicuramente la frase più sentita quel giorno tra le agenzie di stampa. Numerosi ministri della ricezione dei dati intersiderali esitarono a risalire alla fonte l'informazione.

Undicesimo bambino, *entra* : - Ma i servizi segreti identificarono senza alcun dubbio l'origine del messaggio.

Primo bambino : - E ogni paese reagì in modo molto simile...

Undicesimo bambino : - Il dispaccio fu classificato come « dossiers segreti fino a nuovo ordine ».

Primo bambino : - E chiunque ne fosse a conoscenze dovette giurare di non rivelare mai a nessuno quell'informazione.

Undicesimo bambino : - Ci furono pochi oppositori, quindi pochi trasferimenti in un centro rieducativo, e ancor meno esecuzioni.

Primo bambino : - In ogni paese, il dispaccio diventò un affare di stato. In Francia, per esempio, durante un consiglio dei ministri straordinario, il ministro dell'industria affermò con tono solenne:

Otto bambini rientrano, con alcune sedie che mettono dietro di sé, che formano un picchetto d'onore. Entra il presidente, solenne. I bambini mettono le sedie in semicerchio. Due bambini cercano una poltrona e la mettono al centro, e su questa si siede il "venerabile presidente della Repubblica di Francia.

Il ministro dell'industria : - Venerabile Presidente della Repubblica di Francia eterna, cari colleghi ministri, segretari di Stato, le nostre industrie sono le più moderne, le meno inquinanti e posso affermare in maniera categorica e sincera, che la grande nuvola di inquinamento osservata su alcuni paesi alla fine dello scorso anno si è fermata alla frontiera tedesca. I servizi specializzati del ministero sono formali. Le renne di Babbo Natale venute in Francia sono quindi indenni. Ve lo giuro : il nostro gran bel paese sarà l'unico in cui i bambini non verseranno una sola lacrima di dolore. Sono ottimista, non bisogna mai cedere al pessimismo, Babbo Natale sarà dei nostri, Babbo Natale sa com'è il governo della Francia.

Esasperazione crescente del presidente durante questa dichiarazione. Prima si gratta l'orecchio destro, poi si toglie alcune croste dall'orecchio sinistro.

Il primo ministro, *interrompendolo*- Bene, dettate le vostre spiegazioni al segretario, per i casi in cui malauguratamente ci fosse una fuga di informazioni alla stampa.

Un sorriso generale. L'atmosfera si distende.

Undicesimo bambino *commentando* : - Naturalmente tutti sorridono, in un'epoca in cui la stampa elemosina un'autorizzazione dal ministero dell'informazione e le statistiche prima di trattare un argomento.

Il presidente posa la mano destra e poi la sinistra sui documenti davanti a sé, i pollici si toccano, silenzio totale.

Il presidente : - Signor primo ministro di Francia, quali sono le vostre proposte?

Il primo ministro : - Venerabile presidente della Repubblica francese, confesso di dover affrontare una situation senza precedenti nella nostra illustre storia. Mi è dunque difficile fare riferimento alle decisioni dei nostri gloriosi antenati.

Il presidente : - Bene. Prevedendo la vostra analisi, ho personalmente, in nome della Francia eterna, preso l'iniziativa stamattina stessa, di chiamare i miei amici capi di Stato dei paesi faro dell'umanità. Dopo gli argomenti tradizionali, vi risparmio il dettaglio delle guerre, sommosse e dell'inflazione galoppante con le briglie di una mano ferma. Dopo quei documenti che fanno il quotidiano della mia vocazione, evocai di dispaccio. E su mia proposta, abbiamo decretato un grande piano battezzato BARBA BIANCA (*silenzio, sguardi meravigliati*). Mi chiederete, qual è il piano? Ve lo dico: degli attori saranno pregati di mitigare l'assenza di Babbo Natale, e ogni nazione dovrà considerare che Babbo Natale, un po' sofferente, ha rinunciato alla sua regione a causa di una produttività insufficiente. Questo ci permetterà di rinforzare le nostre forze vive, notate il ragionamento. Bisogna sempre saper usare gli imponderabili. Imparate la lezione, meditate, e rammentate poi con nostalgia e deferenza l'origine di questo metodo di governo.

Il primo ministro apre semplicemente la bocca...

Primo bambino, *commentando* : - Il primo ministro ha semplicemente aperto bocca. Dimostra così di aver preparato un alessandrino per glorificare questo grande fatto.

Ma il presidente, maestoso, alza solennemente la mano sinistra.

Undicesimo bambino, commentando : - Quando il presidente alza la mano sinistra, significa: lasciatemi continuare nella mia comunicazione senza interrompere nemmeno con applausi.
Il presidente *incalza* : - Babbo Natale è quindi ufficialmente leggermente indisposto è, ne converrete, l'espressione più vicina alla realtà che possiamo offrire al nostro buono, fedele e laborioso popolo. Che nessuno, insisto su questo, che nessuno possa

sospettare che la vecchiaia di Babbo Natale possa essere la causa di questa defezione. Babbo Natale, come ogni essere d'eccezione, vive al di là delle contingenze dell'età. Ordinerete inoltre ai giornali più letti, dei dossier sui nostri vivaci centenari.

Il primo ministro esegue immediatamente.

Undicesimo bambino, *commentando* : - Avete guardato bene il primo ministro? La leggera vibrazione delle sopracciglia "dove vado a trovare dei vivaci centenari?" Naturalmente non avrebbe saputo esprimere diversamente questa difficoltà.

Il presidente *incalza* : - Ho inoltre scritto personalmente a Babbo Natale per proporgli i servizi dei nostri migliori veterinari e lui ha proposto la cattura dei cervidi della Terra per ripopolare le sue foreste.

Pausa.

Il presidente *conclude* : - In assenza di elementi complementari essenziali, il consiglio dei ministri della Repubblica di Francia eterna, si conclude su questi modesti e venerabili propositi.

Il presidente si alza. Il primo ministro e i ministri si prodigano nel preparargli un picchetto d'onore. E tutti escono.

Primo bambino : - Quell'anno, i bambini vennero solo dal fuoco, la versione ufficiale fu naturalmente diffusa senza la minima contraddizione e il buon popolo fu felice.

Undicesimo bambino : - Poi gli industriali proposero di occuparsi di questa tradizione. E il palazzo presidenziale approvò, inviò in missione gli intermediari più generosi durante il tradizionale congresso propizio ai modesti regali ai servitori della nazione.

Primo bambino : - E i genitori si abituarono.

Undicesimo bambino : - Divise rosse e bianche furono fabbricate in serie. Nessun modello fu dimenticato, da quelli per nani a quelli per giganti, seguendo il manuale di raccomandazioni ministeriali.

Primo bambino : - Questa figura della nostra piccola storia nazionale, il presidente, è deceduto senza aver ottenuto alcuna risposta da Babbo Natale.

Undicesimo bambino : - Fu senza dubbio il suo dolore più grande.

Primo bambino : - Sotto le vesti ufficiali di vecchio Presidente della repubblica, il vecchietto non lasciava più una sola tunica rossa e bianca tagliata su misura.

Undicesimo bambino : - La sua sposa confidò al cerchio ristretto dei suoi fedeli:

Una bambina entra, e dopo qualche secondo...

La bambina: - Ha sperato fino all'ultimo istante, mi interrogava con lo sguardo.

Esce.

Undicesimo bambino : - Naturalmente nessun ministro aveva osato sospettare davanti a lui che i cervidi delle nostre foreste non sarebbero stati in grado di trainare le slitte nel cielo. Forse nessuno ci ha pensato...

Primo bambino : - Gli ultimi protagonisti viventi di questa epoca sono naturalmente in pensione. Alcuni hanno conservato una copia della lettera a Babbo Natale. Oggi possiamo rivelarlo senza rischi : nessuno crede più all'esistenza di Babbo Natale.

Undicesimo bambino : - Persino il Presidente della Repubblica, durante la tradizionale consegna del potere, ricordano solo con un sorriso quel dossier della mitica cassaforte del nostro grande paese.

Primo bambino : - Possiamo dunque rivelare tutto senza temere di ritrovarci in una delle prigioni che fecero anche la leggenda del nostro paese.

Undicesimo bambino : - I miei figli mi hanno persino chiesto perché avessi inventato questa storia. La verità è spesso incredibile.

Primo bambino : - Allora sono venuti a vedere suo fratello per raccontargli che il nonno era un po' pazzo.

Undicesimo bambino : - Poveri bambini : se gioventù sapesse!

Primo bambino : - E come diciamo alla casa di riposo: se vecchiaia potesse!

FINE

41

Il leone, lo struzzo e la volpe

Testo teatrale per bambini in 5 scene

Personaggi :

7 bambini con battute...e una serie di figuranti.

Bambino 1, quello che racconta
Bambino-leone
Bambino-struzzo
Bambino-toro (animale del leone)
Bambino-mucca (animale dello struzzo)
Bambino-vitello (nato dalla mucca e dal toro)
Bambino-volpe

In assemblea, una serie di bambini-animali, i figuranti.

Il leone, lo struzzo e la volpe

Scena 1

Mentre entrano in scena il bambino-leone tiene il bambino-toro al guinzaglio, e allo stesso modo fa il bambino-struzzo con il bambino-mucca:

Bambino 1 *racconta* : - Il leone e lo struzzo hanno deciso di acquistare un vecchio fienile, di ristrutturarlo e di viverci serenamente.

Bambino-leone e bambino-struzzo sorridono, lavorando al loro fienile.
Mentre il bambino-toro e il bambino-mucca sono inseparabili.
Il bambino-mucca esce di scena e ogni volta che rientra la pancia sembra più cresciuta.

Scena 2

Una notte, nel fienile, leggermente illuminato.

Il bambino-struzzo dorme profondamente.
Il bambino-leone legge il romanzo di una vecchia volpe filosofa. Davanti a lui il bambino-mucca è molto agitato. Ha una coperta sulle spalle.
Il bambino-toro guarda con un po' di preoccupazione. E all'improvviso, da sotto la coperta, esce un magnifico bambino-vitello.

Scena 3

Il bambino-struzzo dorme sempre profondamente. Il bambino-mucca fa le coccole al bambino-vitello. Il bambino-toro sorride compiaciuto. Il bambino-leone li osserva con ammirazione e poi gelosia.

Il bambino-leone : - Così, la signora avrà un vero e proprio gregge!

Si gratta la testa, riflette, sorride all'improvviso. Esce di scena e rientra con una grossa pietra che posa accanto al bambino-mucca. Prende il bambino-vitello tra le braccia e lo mette dietro al bambino-toro. Spinge la pietra dietro il bambino-mucca. Osserva la situazione con piacere. Si precipita a risvegliare il bambino-sruzzo.

Il bambino-leone : - Amico, amico, svegliati, dai!

Il bambino-struzzo s sveglia con fatica...

Il bambino-leone : - Amico, amico, guarda quant'è bello, la tua mucca ha partorito questa magnifica pietra, e il mio toro un vitellino.

Il bambino-struzzo *agita le grandi ali, urla* :
- Come osi affermare ciò? Come osi rubarmi il
mio vitello?

Il bambino-leone, *molto calmo, con voce
severa* : - Cosa?! Come osi accusare di furto
me, il leone, il più onesto degli animali!

Il bambino-struzzo *che non si lascia
spaventare* : - Sissignore, questo vitello è
della mia mucca, potrai anche essere il re
degli animali, ma il tuo toro non partorirà mai!

Il bambino-leone, *si mette le zampe sulle
gambe* : - convocheremo tutti gli animali della
foresta domenica stessa e vi sottoporrò la
domanda, che sarà quindi messa ai voti
democraticamente con suffragio universale.

Scena 4

Il bambino-leone *scrive cartelli
dichiarando* : - Signora struzzo osa dire che il
vitello è nato dalla sua mucca invece della
pietra che si trovava dietro di lei.

Scena 5

Grande folla al forum della foresta. Tutti i bambini posso partecipare. Al centro il bambino-leone, alla sua destra il bambino-struzzo. Dietro, il bambino-mucca, il bambino-toro e il bambino-vitello.

Il bambino-leone *a gran voce* : - In sintesi, la signora struzzo osa dire che il mio toro non ha potuto partorire questo magnifico vitello!

Silenzio : il bambino-leone fissa dritto negli occhi gli elettori e le elttrici, uno dopo l'altro.

Il bambino-leone *a gran voce* : - Che tutti quelli che sostengono lo struzzo, che tutti quelli che mi trattano da bugiardo si alzino.

Silenzio totale.
All'improvviso un rumore. Tutti si voltano. È il bambino-volpe, che passa a qualche metro dal forum con una gran fagotto sulle spalle.

Il bambino-leone, *pregustando la vittoria* : - Volpe, perché ci hai fatto l'offesa di non assistere al nostro grande dibattito democratico?

Estenuata, la volpe si ferma e risponde timidamente:

48

Il bambino-volpe : - Maestro, non ho potuto assistere al vostro grande dibattito così giusto e democratico per una buona ragiona, vado di fretta.

Il bambino-leone : - Quale evento può essere più importante della nostra grande lezione di democrazia diretta?
Il bambino-volpe : Portare questo fagotto al capezzale di mio padre che si appresta a partorire.
Il bambino-leone *salta per la collera* : - Mi prendi in giro, Volpetta, sai bene che un maschio non può partorire.

Il bambino-struzzo *si precipita sul leone e lo abbraccia* : Grazie maestro di avercelo ricordato. Me ne vado a riportare il suo vitello alla mia mucca.

Sotto le acclamazioni, il bambino-struzzo prende la sua mucca, il suo vitello e se ne va. Tutti si allontanano discretamente. Il bambino-leone punta il piede per terra per la rabbia.

Bambino 1 *rientra discretamente* : - Da quel giorno, i leoni accusano le volpi di essere troppo furbe.

Fine

49

Trois visages...

Mertilù prepara l'estate

I bambini indossano costumi di uccelli e merli.

Mertilù prepara l'estate

Due ruoli principali : Mertilù e Merlamamma, sua madre. Un ruolo con due frasi in un dialogo : il vicino. E un insieme di figuranti per il finale.

Mertilù e sua madre, Merlamamma, sul ramo più robusto di una quercia nella foresta alle spalle di una casa. Mertilù spiega le ali.

Merlamamma : - Mertilù, Mertilù, che cosa fai?
Mertilù : - Vado a cercare dei ramoscelli. Manca un po' di verde qui!
Merlamamma : - E il gatto?
Mertilù : - Quale gatto?
Merlamamma : - Là, vicino al pozzo.
Mertilù : - Ah! Non sembra cattivo, è un vecchio gatto bianco e nero.
Merlamamma : - Hai già dimenticato tuo fratello?
Mertilù : - Che cosa ha fatto Mertilulù?
Merlamamma : - Non tuo fratello grande, Mertilù, il tuo gemello caduto dal nido.
Mertilù : - Non mi raccontare storie che fanno piangere.
Merlamamma : - Allora fai attenzione ai gatti, Mertilù.
Mertilù : - Ma è lontano, posso andare a tagliare un po' di erba. Se lo vedi muoversi, hop, mi fai un fischio e ti raggiungo subito.

Merlamamma : - Povero Mertiluccio, non farai neanche in tempo a vederlo che sarai già tra le sue grinfie.
Mertilù : - Ma tu verrai a liberarmi come nelle storie di Pepemerlupo.
Merlamamma : - La via è fatta di avventure che raramente finiscono bene..Pepemerlupo ti racconta leggende di quando un MerloDio aveva tirato i denti ai gatti.
Mertilù : - Perché gli ha restituiti? Pourquoi il leur a rendus?
Merlamamma : - Perché GLIELI ha restituiti.
Mertilù : - Ma rispondi alla mia domanda!
Merlamamma : - Quale domanda?
Mertilù : - Oh! Perché GLIELI ha restituiti, i dentacci ai gattacci?
Merlamamma : - Mio caro Mertilù, sono stati gli uomini a restituire i denti ai gatti.
Mertilù : - Uomini cattivi, uomini cattivi.
Merlamamma : - Ben detto, Mertilù... e non ti ho mai raccontato la storia di Merlajosette, la mia seconda sorella più piccola.
Mertilù : - Basta storie tristi per oggi.
Merlamamma : - Dai su, andiamo in viaggio per il paese, qui si sta bene, ma mancano alberi da frutto.
Mertilù : - Sono così buone le ciliegie? Non è solo una canzone che fratello Merlartista canticchia dalla mattina alla sera.

Mertilù canta :

Viva le ciliegie
Ne mangio a volontà
Nel mio pancino
Sperando entrino tutte
Viva le ciliegie
Ne mangio a volontà

Merlamamma : - Via, in perlustrazione.

Merlamamma et Mertilù volano via.

In volo :
Mertilù : - Addio gatti cattivi, addio bambini cattivi...
Merlamamma : - Non sono tutti cattivi...cugina Merlasophie è stata davvero fortunata quando lo specchietto retrovisore di una stupida automobile le ha spezzato un'ala...
Mertilù : - Sì sì, raccontami ancora storie così belle...
Merlamamma : - Un bambino l'ha raccolta...Merlasophie ha recitato tutte le sue preghiere... persino quella per essere reincarnata in un essere umano...ma quello era un bambino gentile... a récité toutes ses prières...
Mertilù : - Sei sicura che esistano i bambini gentili, o è solo una leggenda?
Merlamamma : - Esistono...ma è impossibile riconoscerli... Merloguru dice che questi umani

sono reincarnazioni di merli e che basterebbe osservare le loro vite precedenti per accorgersene... ma lui è l'unico capace di farlo... Merlopapà è convinto che sia meglio non fidarsi di Merloguru...

Mertilù : - Dovrebbe avere i capelli verdi.

Merlamamma : - Credo che sarai un grande poeta Mertilù... come il tuo bis-bis-nonno.

Mertilù : - Quando lo vedremo?

Merlamamma : - Non possiamo più vederlo... anch'io l'ho conosciuto poco... ma ci ha lasciato delle belle recite che presto imparerai a scuola.

Mertilù : - Se sono già un poeta, forse è inutile che io vada a scuola.

Merlamamma : - Ti ho insegnato a orientarti nello spazio, a leggere i cartelli, a fischiare, devi sviluppare la tua intelligenza... frequentare altri merli e i Merlinisti ti porterà solo vantaggi...

Si posano su un albero... un ciliegio...

Merlamamma : - Sono belle queste ciliegie, non trovi?

Mertilù becca una cicliegia.

Mertilù : - Ahi! È troppo duro, fa male al becco.

Merlamamma : - Mertilù!

Mertilù : - Cosa Mertilù? Il fratello più grande ha sempre detto che le ciliegie sono rosse, le tue sono tutte verdi...

Non sono nemmeno ciliegie (*Merlamamma sorride*), mi hai mentito Merlama...

Merlamamma : - Siamo in fase di

individuazione, Mertifrignone...le ciliegie sono prima verdi e poi diventano arancioni e infine rosse e tenere tenere...ma queste non sono fatte per il nostro becco...

Mertilù : - E perché?

Merlamamma : - Indovina perché?

Mertilù : - A causa dei gatti.

Merlamamma : - Guarda laggiù... la rete verde...

Mertilù : - Cos'è?

Merlamamma : - Quando le ciliegie diventano rosse, gli uomini cattivi metteranno una grande rete sugli alberi e noi non potremo più raccogliere una sola ciliegia.

Mertilù : - Basta tagliare la rete.

Merlamamma : - È troppo difficile, moi Mertilù. Mertilù : - Non è giusto.

Merlamamma : - Ah! Vorremmo tutti che il mondo fosse giusto.

Mertilù : - Dovrà pur esserci un buchetto. Mi infilerei e ne metterei tante sul mio collo.

Merlamamma : - Ah mio Mertilù! Ne ho conosciuti di avventurieri. E li ritrovavamo la mattina completamente imprigionati nella rete. Avevano trovato un'entrata, ma un colpo di vento e addio uscita...

Mertilù : - Non mi spaventare...ti prometto che non farò mai grandi sciocchezze. Solo piccole.

Merlamamma : - Dai andiamo. Uomini cattivi.

Merlamamma : - Dai...andiamo

Mertilù : - Sono stanco...mi porti?

Merlamamma : - Non fare i capricci, Meribébé, ti mostrerò il nostro ristorante.

Ripartono.

In volo :
Mertilù : - È ancora lontano.
Merlamamma : - Non avere fretta, ammira, ammira il nostro paese...
Merlamamma *inorridita* : - Oh MerloDio!
Mertilù *spaventato:* - Merlamamma Merlamamma, Merlamamma. Che c'è Merlamamma!
Merlamamma *inorridita ripete* : - Oh MerloDio!
Mertilù *spaventato* : - Hai visto un gatto volante?
Merlamamma : - Guarda quegli alberi tagliati...
Mertilù : - Perché ti fanno stare così vedere degli alberi tagliati?
Merlamamma : - Ma sono i nostri ciliegi, Mertilù

Si posano su un ceppo. Mertilù è affranto.

Mertilù : - Perché l'hanno fatto?
Merlamamma *faticosamente*: - Mi hanno parlato di certi uomini che guadagnano molto soldi per tagliare i ciliegi e poi ne toccano altri per piantare dei meli.
Mertilù : - Beh mangeremo mele, allora...

Merlamamma : - Ma le mele sono troppo grosse per noi.

Mertilù : - Fanno questo per infastidirci! Maledetti uomini!

Merlamamma : -Oh! Hanno i loro problemi gli uomini...ma noi!

Mertilù : - Non fa niente Merlamamma, troveremo un altro ristorante.

Merlamamma *rialza la testa* : - Bis-merlanonna mi ha parlato di una riserva...è un segreto... un segreto che ci trasmettiamo in famiglia giurando di non parlarne a nessuno...
Il tuo Merlopapà ci è andato una volta...dai, andiamo...non è lontano ma c'è sempre vento quando attraversiamo la valle, quindi mettiti bene sulla mia traccia. Mertilù.

Mertilù : - Sono stanco...ci andremo domani.

Merlamamma : - Devo saperlo oggi...sapere se possiamo contare sugli alberi segreti...altrimenti....

Mertilù *inquieto* : - Altrimenti cosa? Merlamamma?

Merlamamma : - Ah no Mertilù!... non ti preoccupare, il tuo Merlopapà e la tua Merlamama faranno di tutto perché non ti manchi niente...

Mertilù : - È grave Merlamamma?

Merlamamma : - Dai... andiamo... inutile preoccuparsi prima del tempo...(*si rialzano davvero e fissano Mertilù*) sono certa che laggiù ci saranno le più belle ciliegie che abbiamo mai visto in memoria di merli...Dai Mertilù, andiamo...

Volano via.
Quando Merlamamma e Mertilù intravedono i
vecchi ciliegi, li trovano pieni di Merli.

Merlamamma : - Ma sono i vicini! Ma sono
tutti qua!
Mertilù : - Credevo che nessuno lo sapesse...

Si posano accanto a un amico...

Merlamamma : - Ma come fai a conoscere
questo posto?
Il vicino : - Ah! Credevi di essere l'unica a
conoscerlo!
Mertilù : - Era un segreto di Bis-Merlanonna.
Il vicino : - Ovviamente tutte le famiglie si
trasmettono lo stesso segreto.

Les merles sghignazzano.

FINE

Non andremo più al ristorante

Testo teatrale per bambini in un atto

2 bambini e una bambina, che interpretano due adulti...

Sala di un ristorante. Il ristoratore e una coppia all'unico tavolo occupato.

Canards du Quercy

Non andremo più al ristorante

I bambini giocano a fare gli adulti in un ristorante, con il ristoratore e una coppia.

Il ristoratore : - Visto che siete gli ultimi clienti di questa sera, e in più siete i più fedeli tra i fedeli, vi voglio offrire l'ammazza caffè... Cognac, Grand-Marnier? Cassis?

Lei : - La ringrazio, molto gentile, un Grand-Marnier, con piacere.

Lui : - Io prendo un Cognac, e vi ringrazio.

Il ristoratore : - Con piacere, signori.

Il ristoratore torna in cucina.

Lei : - È davvero il miglior ristorante del quartiere.

Lui : - È strano persino che non abbia molti più clienti.

Lei : - Sì, è sorprendente, il proprietario è sempre così alla mano... e le salse... che goduria!

Ritorno del ristoratore con tre bicchieri. Serve.

Il ristoratore : - Per la signora. Per il signore. E mi sono preso un piccolo calvados per brindare alla vostra salute.

Brindano.

Lei : - Alla vostra di salute, è davvero molto gentile.

Il ristoratore : - Oh, me lo dicono sempre... e sapete, a me piace parlare, per scambiare quattro chiacchiere. Nel nostro mestiere spesso siamo molto discreti. Se raccontassi tutto quello che ho visto e sentito nella mia carriera!

Lei : - Posso essere indiscreta?

Il ristoratore : - Prego signora, come si suol dire, non esistono domande indiscrete, ma soltanto risposte.

Lei : - Dove avete imparato a preparare queste salse?

Il ristoratore : - Oh!...non so se vi posso rispondere...

Lui : - Non è per farvi concorrenza, ma giusto per curiosità.

Lei : - Promesso, non diremo niente.

Il ristoratore : - Sono stato uno dei tirocinanti dell'Elysée. Ero giovane!

Lei : - Ah!... le salse sono una specialità dell'Elysée?...

Il ristoratore : - Specialità... è una parola grossa... ma occorre mettersi d'impegno, dopo... è una vera sfida...

Lei :- Una sfida?

Il ristoratore, *sorridendo* : - Un segreto che rimanga tra noi. È una vera sfida realizzare una salsa a l'Elysée... senza che nessuno si accorga che ci è stato fatto qualche bisognino dentro...

Gli ospiti hanno un singulto.

Fine

I testi

Stéphane Ternoise è nato nel 1968. Pubblica dal 1991. Tutti i suoi libri sono pubblicati in maniera indipentente.

Tutti i diritti di traduzione, di riproduzione, di utilizzo, di interpretazione e di adattamento sono riservati in tutti i paesi, in tutti i pianeti, in tutti gli universi.
Contrariamente a Molière o Marivaux, le opere di Stéphane Ternoise non sono di dominio pubblico, ragion per cui è necessario chiedere l'autorizzazione all'autore prima di qualsiasi tipo di utilizzo pubblico dei suoi testi, su http://www.ternoise.fr

Stéphane Ternoise: La bambina con 200 peluche e altri testi teatrali per bambini.
Traduzione: Martina Caputo.

ISBN 978-2-36541-586-6
EAN 9782365415866
Pubblicazione : 23 luglio 2014

Dépôt légal à la publication au format ebook du 23 juillet 2014.

Imprimé par CreateSpace, An Amazon.com Company pour le compte de l'auteur-éditeur indépendant.
livrepapier.com

© **Jean-Luc PETIT - BP 17 - 46800 Montcuq - France**

66

Printed in Great Britain
by Amazon